maracujá

renata penzani

maracujá

1ª edição | São Paulo, 2022

LARANJA ● ORIGINAL

SUMÁRIO

parte I
Casca..13

parte II
Polpa...45

parte III
Semente..71

Talvez uma palavra que já venha com gosto

Ouvi certa vez do poeta Eucanaã Ferraz que poesia não é algo para simplesmente ler, mas para se conviver. Desde então, ao inaugurar em mim um novo livro de poemas, eu carrego suas páginas e linhas para onde for – quintal, ônibus, cabeceira da cama, sala de dentista – e muitas vezes suas palavras são como os fios invisíveis de Ariadne a abrir atalhos num árido cotidiano.

Foi assim com este *Maracujá*, lido vagarosamente ainda quando um original, impresso em folhas que foram ganhando marcas de mãos de alho que acabavam de preparar o almoço para crianças famintas de arroz, escuta e mundo, as mesmas que de algum modo encontrei num poema às vésperas de Natal: "um menino parece engolir o mundo / depois o pai, por fim a si mesmo / tamanho o buraco da sua boca enorme e aberta". Uma voracidade incômoda talvez só experimentada quando perto das crianças e suas perguntas que assustam montanhas, como aponta Renata Penzani.

Fiquei dias habitando e sendo habitada por seus versos feitos de casca, polpa e semente, de "sabores amarelos" e líquidos marrons, alguns vermelhos, sem a menção de uma palavra, adentrando uma experiência que nos atravessa toda a vida, e não está circunscrita a um tempo ou calendário somente. *Maracujá* é o próprio território de uma experiência arrebatadora e fundante, e que não acaba, pois é feita de um gosto sempre lembrado na boca, a suscitar "que um dia seria possível tirar as rodinhas".

Os poemas nos levam a rasgar em nós o fruto, apalpar sua casca rugosa, cavar a polpa até alcançar as sementes trituradas no dente, seu sumo, provando de novo o desejo furioso de pular "em poças proibidas" ou de recordar a familiaridade de se sentir "no meio do aguaceiro". Versos que escavam chãos e choros da memória, tão fugidia tão dentro, em que as palavras "pipa" e "longe" são suficientemente definidoras para se saber criança ou adulto. No ir e voltar aos poemas, fui colecionando imensidões de azul, recolhendo os cheiros do quintal, abrindo o olho pequeno pronto para inaugurar o mar, deixando vazar a dor corroendo o dentro por descobrir que crescer é "ver as coisas / pela primeira vez / uma vez".

Se tal experiência (a qual se evita nomear) é ainda considerada pela falta de voz e da palavra, o não dito, este *Maracujá* abre fendas do dizer diante do espanto de "uma enorme bola amarela", nas fronteiras da incerteza. Sim, "anotem para o caso de esquecer", pois "o mistério disputa corridas acirradíssimas contra tudo o que precisa ser explicado" e "uma imagem substitui a memória / sem o menor pudor / de ser menos bonita que ela". Eu já me ocupo dos versos de diferentes poemas a meu modo, num salto de risco como só sabem as crianças, os trapezistas e a escrita da própria autora, que agora me ampara a dizer melhor de um tempo "sempre insuficiente", lembrando que "o chão não é garantia" de nada.

Maracujá é um relicário de relembranças, um álbum de fotografias, um diário encontrado numa casa (talvez nunca) abandonada, em versos que vasculham arquivos, rastros e estilhaços. Mais do que falar de uma experiência, é escrito que se funda na própria experiência, "talvez uma palavra que já venha com gosto". A nos lembrar do abecedário de Gilles Deleuze, que aponta a escrita como a possibilidade de "ir em direção à infância do mundo e restaurar esta infância", afirmada como a singularidade do acontecimento, o imprevisível, o impensável, ou um milagre. Uma pergunta e um enigma, como define o também filósofo Walter Kohan. Se no trânsito ou sentada na cozinha, independentemente do lugar ou da hora do dia, foi nessa rota, na direção de um lugar inaugural ou condição de possibilidade de existência, que me encontrei durante a travessia desses poemas que não usam a palavra infância.

Gabriela Romeu, jornalista

uma menina
morreu em mim
por onde vou carrego
o seu cadáver
e a forma exata do seu corpo
repousa no meu corpo
como num vestido
largo demais

ANA MARTINS MARQUES

parte I

casca

AS CRIANÇAS
assim como os trapezistas
checam mais de três vezes
antes de dar o salto
– se dá pé
se a corda chega
se a rede continua lá
se alguém está olhando –

o chão não é garantia

é solene
se aproximar
de qualquer desconhecido
bicho gente coisa

duvidar
mas saltar sempre
como as crianças
como os trapezistas

CRIANÇAS, NÃO É COM VOCÊS QUE EU FALO
– o protocolo permite muito pouco essa raridade –
se fosse, no entanto,
desconfio
certamente me ouviriam
(percebam, já começo a me contradizer e, portanto, me provar adulta)
ou seja
anotem para o caso de esquecer:
de azul em azul, colecionem imensidões
elas nunca serão suficientes
para o susto, sofrer é bem-vindo
para o medo, ajuda abrir bem os olhos
os irmãos mais velhos
assim como o brócolis
os catetos
as hipotenusas
não são um problema de verdade
poupem sua energia
já dizia Matilde[1]:
a matemática não é difícil se compararmos tudo ao aparecimento de um cardume
o choro
assim como as rugas
(e a combinação das duas coisas)
é uma realidade
o ornitorrinco é a prova de que deus,
existindo,

---

1. Matilde Campilho

terá bom humor
tenhamos nós também
quase tudo passa
depressa demais
algumas coisas
nunca acontecem de novo
para sempre é só uma questão de perspectiva
cultive algumas
vocês podem muito mais
que imaginam
(mesmo que imaginem bastante)
o mistério disputa corridas acirradíssimas
contra tudo o que precisa ser explicado
quando temos sorte, ele ganha
entender é cru
doem as verdades absolutas
mas a beleza existe
as palavras também
convém aprender todas
quando passarem do abecê
não olhem pra trás
a língua portuguesa é outra
se vista de longe

PENSAR SE UM DIA
você já acreditou
nas coisas que diz às crianças
talvez te leve de volta
a uma casa
para onde nunca foram
o coelho
depois um gato
três cachorros
uma avó
seria demais

ninguém te avisa
mas pode ser que você se assuste
com a imagem refletida
em um espelho qualquer:
agora você é adulto
pequeno ainda
mas muito adulto
de quem esperam coisas
como a verdade
sobre quem vai embora

ELE PINTOU AS UNHAS DE AZUL
gostava do cheiro
molhado
da textura
mirar o pincel no buraco pequeno
do tubo do esmalte
"tira isso"
"é coisa de menina!"
em todo caso tirou
o esmalte
o azul?
por via das dúvidas

gastou um tempão
pensando onde era permitido
colocar as mãos

EM UM PRÉDIO COMERCIAL
adultos enfileirados
trabalham sem saber que horas são
entrasse ali uma criança
perguntaria onde estão
as bolas, os blocos de montar

mas bolas não havia
e os blocos de montar
estavam ocupados
em sua vida de planilha

"mas vocês não brincam?"

a criança é isto:
um lembrete
estamos frequentemente no lugar errado

para Joaquim

PARECIA VÉSPERA DE NATAL
as ruas do centro respiravam
quentes, devolviam o hálito morno dos finais de novembro
na gangorra de um parque enferrujado

um menino parece engolir o mundo
depois o pai
por fim a si mesmo
tamanho o buraco da sua boca
o choro faz a vez da sirene
anuncia tragédias provisórias
"hoje já deu"
diz o pai, em um resumo cansado

uma criança
não é senão alguém furioso
com o tempo
sempre insuficiente

A DIFERENÇA
entre ser criança
e estar aqui
escrevendo um poema adulto
sobre ser criança
é que a palavra pipa
tem mais altura
que a palavra longe

(é fácil adivinhar
qual delas
se aproxima
quanto mais é pronunciada)

A MEMÓRIA
de algumas primeiras vezes
injustamente não fica
onde procuramos primeiro
a cabeça, não é lá que está
o seu olho pequeno inaugura o mar

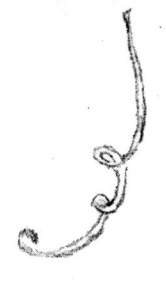

não tem emoção
guardada
que se possa tirar da gaveta
ao contrário do que dizem por aí
não tem pó por cima das lembranças
tem tempo, tijolo,
material de construção
da vida a passar

a fotografia denuncia
é assim que acontece

talvez não tenha sido como você imagina
uma imagem substitui a memória
sem o menor pudor
de ser menos bonita que ela

tento lembrar
quando foi que parei de chorar
em todas as fotos

SE VOCÊ FOSSE UM ANIMAL
qual seria?
foi a primeira pergunta
difícil
que me fizeram
na escola
mais que matemática ou física
a ciência aqui era saber
quem eu queria ser

pequeno
os pulsos de uma mão
dando quase duas voltas na outra
respondi Leão
sem nenhuma certeza além
do que a própria palavra significava

oito anos ainda
e uma ciência aguda
sobre expectativa
e ombros de meninos
que suportam pesos
dez vezes maiores

se avalio melhor agora
é talvez para substituir
um bicho pelo outro: Ouriço
voltado para dentro

mas com pontas para fora
pontiagudas
como lembranças
que nos encaixam
em lugares apertados demais
para caber uma juba

ENTRE MENINOS
o menino
constantemente
não sabe o que dizer
se tiver sorte, lembra-se
do que não dizer

de silêncios
enche as mãos
e guarda no bolso

com eles
fará
uma voz
que permita
assustar
montanhas

O MENINO ESFREGA OS OLHOS
duas
três vezes
antes de ter certeza
de que era aquilo o que via
uma enorme bola amarela
(incandescente, ele diria
mas ainda não conhecia essa palavra)
ia caindo cada vez mais
até quase entrar no mar
ele esperou mais um pouco
para ver aonde ia dar
não sabia se avisava
que a água corria perigo
com uma coisa tão quente
se aproximando
olhou em volta
todos calmos
parecia ser aquele mesmo o ritual esperado
o mar passa bem
no céu agora manchado de laranja
fica um rastro da bola amarela
talvez fosse ridículo chorar
– proibido até –
era menino ainda
mas não esqueceria

O MAIOR PREJUÍZO
de crescer:
só poder
ver as coisas
pela primeira vez
uma vez

NÃO É NA ESCOLA
mas nos ensinam
desde cedo
a amar
o que é brilhante
inocente
puro
de modo que amamos
muito cedo
o que é uma criança
(o que suspeitam que seja uma)

também a nossa própria
vamos amando ser
com vontades
de todas as coisas
dúvidas
as mais sortidas
sempre satisfeitas
quanto mais
forem convincentes
as qualidades da criancice

o brilho
a inocência
a pureza
vão perdendo lugar
nas pernas tão compridas

corpos grandes demais
para convencer
que são frágeis
é de uma matéria sólida
o crescimento

nessa outra coisa
em que nos obrigamos
a caber
as palavras esperadas
ficam apertadas
como uma roupa
que não serve mais

MAS ELA FICA TÃO BOAZINHA
quando você sai
quase não chora
concorda muito
toma banho
em silêncio
aceita
nem parece que está aqui

(talvez não esteja)

TEM SEMPRE ALGUMA TRAGÉDIA
que acompanha a vida
...
...
...
— anotado, Sophia

PARECIA ONTEM AQUELA BARRIGA
ainda pequena
quase nada
— diante de uma notícia daquele tamanho
certamente nada —
vieram logo todos os meses
pelos quais se espera
as horas longas do parto
nascer, gesto comprido
arrancar a vida com a mão
e mesmo assim ter quem diga
"mas já?"

sempre que possível
lembrar
a criança dentro está viva
mas vez ou outra
checar os pulsos
tirar para dançar

É
que a
criança
que fomos
um dia volta a ser
mas não vem sozinha:
vem acompanhada de nós mesmos
maiores

FUTURO DO MUNDO
colorida
(ao mesmo tempo folha em branco)
virtuosa
esperta
criativa
de preferência quieta
obediente
espontânea
sobretudo dócil
a criança vai
sendo tudo aquilo
que não é nada disso

QUANDO ABOU FOI ENCONTRADO
em uma mala
cruzando uma fronteira proibida
desde África
como quem risca um fósforo
ele não sabia
ficaria famoso
os jornais todos contariam
sua história
decerto sem conseguir

ele que tinha só oito anos

alguns errariam o seu nome
ou os porquês de seu pai
tê-lo guardado em uma mala
e todos davam a notícia
como quem avisa de uma morte
ou coisa parecida
mas a verdade é que quase todo mundo
erraria os motivos
pelos quais isso é tão triste

SABE-SE POUCA COISA
sobre ser gente
de caráter
menos ainda
mas desconfia-se:
(e é quase certeza)

o joelho
tem mais memória
que o resto do corpo

SERÁ QUE
a voz da criança
não é alta o bastante
para escutar de qualquer lugar?

e se arregalássemos todos os ouvidos?

só que ouvido não é coisa
que chega pronta
nascer com um
ou dois
não garante
que vai funcionar

contra a perfeição pretendida
defeito fica sendo
então uma questão
de ponto de vista

há sempre corpos vários
ainda mais inesperados
como a criança sempre é
às vezes não ouvem
não veem
não falam
ainda assim
podem gritar contra muros
tantos deles invisíveis

paredes altas demais
para quem está só começando
a ser
essa outra coisa
diferente daquela

contrariando a expectativa geral
seus movimentos ganham
cada vez mais velocidade
contra a lentidão do mundo

criança quando mexe
nas coisas com a mão
aquele é só mais um jeito
de combater
o que se espera delas

NÃO VAI DOER NADA
eles diziam
quando ela machucava o joelho
no longo minuto entre abrir um berreiro e esperar que
chegasse a solução

o mundo inteiro era aquele silêncio
suspenso
choro insistente
sempre prestes a começar

um líquido laranja escuro
escorrendo feito sangue pela pele quente em flor
o medo era tão recente quanto aquela ferida

ainda não tinha nome
para aquele desamparo
que é cair
olhar em volta
estar sozinha

"não foi nada"
mesmo assim eles diziam

ser da geração pós-merthiolate
deve significar alguma coisa sobre coragem

QUANDO VOCÊ MENOS ESPERA
elas pegam na sua mão
te distraem
do fim do mundo

mas não é só assim
que elas fazem de conta

*Se está em algum lugar
a experiência dos deuses
mora nas frutas*

JÚLIA DE CARVALHO HANSEN

parte II

POLPA

HOUVE UM TEMPO
em que para conhecer suas fronteiras
bastava deslizar uma esferográfica
ao redor dos dedos
em uma folha sulfite
o corpo era tudo
o que ficava do lado de dentro
daquelas mal traçadas linhas
a parte pelo todo
– mais tarde descobriria que até para isso tem nome –
mas não demorou para o tempo passar
e mostrar
que contorno há de ser outra coisa
muito mais difícil
de desenhar

A BALEIA AZUL
o maior animal da Terra
tem tempos muito parecidos com os seus
– e os nossos, apesar de sermos quase sempre atrasados
                                        [em tudo –
o tamanho monstruoso cria ilusões
disfarçam semelhanças humanas
de uma pequenice comovente
a gestação das baleias dura em média onze meses
tempo suficiente
para criar bebês
que já nascem com seis metros de comprimento
o útero de uma baleia
é um modo de espera

sempre à frente das expectativas
de colocar no mundo algo misterioso
grande
mas frágil
indecifrável como ser do tamanho de três ônibus
um na frente do outro
e ainda assim precisar mamar
por sete meses

QUANDO ELA APRENDEU A LER
vasculhava o dicionário
pelo menos uma vez por dia
na ponta dos dedos
a gordura das palavras mais usadas:
coração, amigo, casa
todas elas um pouco comoventes
na cabeça uma cisma de encontrar alguma
que fosse completamente
desconhecida

na busca tinha cautela:
se achasse, teria que parar de procurar
com os achados
alguns por dia
nunca sabia o que fazer
e ficava andando por aí com penduricalhos
(este próprio um garimpo daqueles)
feitos de letras procurando uma ocasião
para empreender palavras de gala:
relicário, azimute, claraboia
até hoje nunca usadas

OLHAR PARA AS FOTOS
ser justo com seus detalhes
registrar os instantes
gravar todos
mas nunca o suficiente para confundir
o que aconteceu de verdade com ficção autosugestionada
"lembra daquela bicicleta?"
sim, verde, laços de fita pendurados no guidão
e rodinhas que custaram a sair
o pai ganhou no bingo, por isso veio enfeitada
a mãe achava bonito, ficou com dó de tirar
mas a verdade é que você já não lembra se a história
quem contou
foi um pedaço de papel ou plástico vhs
ainda assim revisita esses lugares
essas bicicletas
esses medos de perder o rumo o equilíbrio a direção
a dimensão da beleza

ESCREVER UM POEMA
que finalmente não se leve a sério
e seja
tão divertido quanto uma tarde
um domingo empinando pipa
um poema onde
no final
alguém se pergunte:
"ainda se faz isso?"
soltar poemas,
inventar pipas
perder tempo
brincando

ANDAR DE BICICLETA

em um domingo à tarde
nunca poderia ser tão fácil
como é
se soubéssemos
naquele instante dos sete para oito anos
que o futuro conversaria com a gente
pela janela daquele momento
e em vão tentaria
nos dizer
para continuar
exatamente assim:
as mãos entre o freio
e o vento

SE VOCÊ TEM OITO ANOS
e nenhuma pausa na imaginação
as palavras não são o que parecem

o verbo doer, por exemplo

no poste, o anúncio: doem cobertores
pode ficar sendo outra coisa

ELA NÃO SABIA COMO DIZER
mas tinha uma coisa para mostrar
uma coisa que, quando vista
revelaria mais sobre quem viu
que sobre a coisa em si
(mas não é assim sempre?)

abriu a porta com algum ensaio
comovente e forte, um animal
prestes a ser descoberto

em toda a sua selvageria e fragilidade
tinha oito anos e nenhum segredo
nem aprendizados sobre medos invencíveis
nem amores que pudesse chamar assim
embora fossem muito desconhecidas
as duas coisas

então sussurrou:
tenho uma nova amiga
não repare: ela ainda é adulta

TEM ALGO DE MUITO DEFINITIVO
nas fotografias analógicas
sorrir, posar, sustentar a postura, não tremer
acertar de primeira

arruma esse cabelo
ajeita o ombro pra trás
inclina o corpo mais pra frente
só um pouquinho pro lado

deve ser por isso que chamam revelação
quando chegam as fotos
desviam da satisfação esperada
e até nisso se pode errar

ESCOLHER A PALAVRA MARACUJÁ
para descrever uma tarde
um susto
um enigma
um gosto surpresa
um lugar
e ainda assim não dar conta
de dizer se é azedo
ou doce
se é amarelo
frágil
ou só
uma imagem
muito longe

NÃO ESTÁ NOS LIVROS
nos meus, pelo menos
águas-vivas têm poder letal
ainda que cintilem muito

aquelas transparências
aparentam não existir
e uma palavra não faria sentido
não fosse por elas

furta-cor

parece beleza
e é só um perigo
ainda que sejamos ensinados
a querer tocar em tudo que brilha

ALGUMAS DESCOBERTAS
eram tão altas
que era preciso esticar o pé
para ver o que tinha depois delas

era preciso ficar assim
procurando onde se apoiar
para espiar além
de um muro inventado
pela curiosidade

às vezes
não tinha muita coisa mesmo
em outras, ardia o olho
um clarão desconhecido
nos arremessava
do lado de cá
do nosso tamanho

então
era sabida a hora
de dar um passo atrás
e não correr muito perigo
de conhecer tudo
de uma vez só

A MENINA COM MENOS DE TRÊS ANOS
não tem o Português ainda
entre suas habilidades

essa língua outra, porém,
ela desenrola com intimidade
em conversas intermináveis
que prontamente serão entendidas
por alguém do mesmo tamanho

os dois bailarão uma dança desconhecida
boa de assistir
haverá gestos suficientes
para entonações
suspenses
sensações

ambos saberão que faz sentido
o que dizem e escutam
e isso bastará

na dialética do berço
balbucio tem voz de idioma
e a humanidade ganha um lema:
desde o princípio
certas coisas existem por insistência

SE A BORBOLETA SOUBESSE
virar lagarta
destino ao contrário
de todo mundo que cresce
ela não teria pressa
pensando bem
ela já não tem

DESCUBRO
que os vaga-lumes
são lampejos de luminosidade
contra o escuro
da civilização
mas essa mesma luz
faz deles alvos fáceis para predadores
que enxergam muito bem no escuro
fico tão atordoada
sobre ser bicho e estar vivo
abro um livro de poemas
onde pensei ter lido algo sobre isso
mas o poema não parece interessado
em descobertas volúveis
e me joga na cara
algo um pouco mais concreto
que eu já sei e vez ou outra fica se insinuando
como uma verdade inconveniente:
diante do perigo, a holotúria se divide em duas [2]

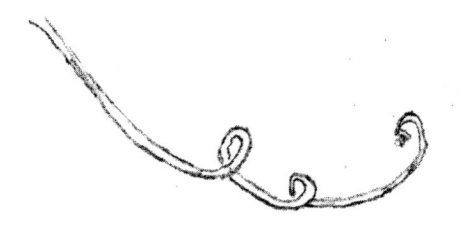

NADA NAQUELA ÁRVORE
denunciava o perigo
de subir
colher mangas verdes
comer escondido
com sal ficava gostoso
mais tarde uma dor de barriga
uma rebeldia
atravessada bem no meio
da garganta

descobrir aos sete anos
aquela não seria
a primeira coisa
que você arrancaria do pé
antes do tempo

2. Wislawa Szymborska

QUERO UM QUINTAL
um limoeiro
quero depois de querer um limoeiro
perceber
nem gosto tanto assim de limões
esse sonho já sonhou outro

então, querer um abacateiro
talvez rache as paredes
e leve um tempo impensável para crescer
mas na primeira colheita lembrar
do gosto de não ter
quintal nenhum

É POSSÍVEL QUE A SUA POUCA IDADE
esconda anos vividos
mas não contabilizados?
quantos anos têm tudo o que você sabe?

quantos anos tenho eu
quando tento adivinhar
palavras sem idade?

EM UMA PAREDE
da cidade onde ele mora
tem uma pichação
onde está escrito
o melhor lugar do mundo é aqui, e agora?

talvez ele ainda não saiba
mas uma vírgula
uma interrogação
mudam tudo

O MUNDO DAS CRIANÇAS
não é diferente
de todos os outros
exceto pelos motivos
por trás das coisas

pensando bem
uma diferença
desse tamanho
é suficiente
para mudar tudo

quando chove
por exemplo
ou de repente é segunda-feira
os medos são outros
as vontades também

as pessoas
não correm
porque estão atrasadas
elas correm
porque sim

ESCREVI UMA HISTÓRIA FANTÁSTICA
– disse ela –
e recebeu em troca
o olhar cismado
dos que em volta
nunca ouviriam
o caso do peixe
que um dia pescou
um homem

(...) Usando palavras abstratas você não pode ser preciso. Você dilui a poesia porque usa uma palavra que tem dez sentidos, ao passo que maracujá ninguém confunde com manga.

JOÃO CABRAL DE MELO NETO

parte III

semente

DAS COISAS IRREVERSÍVEIS
dos primeiros anos de criança
ficar à vontade
no meio do aguaceiro

a familiaridade
com os próprios líquidos
alguns amarelos
outros marrons
vermelhos às vezes

eles brotam das costas
também do couro cabeludo
do meio das pernas
debaixo do braço

mas estranho mesmo
é quando dos olhos flui um rio
uma nascente fora de lugar
você fica ali parado
tentando entender a correnteza

já que sempre quis pular
em poças proibidas
não sabe se tenta
rebater a fúria
daquela água agora sua
então fica ali

alguém ainda pequeno
[sozinho   ]
rodeia um corpo estranho
que é o seu

o rosto esquenta
em uma água brava
a cabeça dói
de carregar
um peso novo

o mundo se desdobra em outros
alguns buracos
poços fundos demais
para alcançar em um mergulho

mais tarde vai se acostumar
com a ideia de lagos
cada vez mais parados
os restos grudados
vestígios no fundo
das coisas difíceis

com o tempo você aprende
fundamentos maiores
nadar com eles
debaixo d´água
também é respirar

QUERIA PODER REVISITAR A CASA
mas casa mesmo já não há
no lugar dela, uma fotografia
mostra tudo o que não era
a luz perfeita, as pessoas em frente
(nunca dentro, onde jogávamos baralho, conversas ao léu)
a janela escondendo a tinta descascada
nela havia três pessoas
– uma delas, eu –
sorrindo

a memória da casa
destruiu a casa
mais que a ruína
a fotografia expulsou o dia a dia
deixou poses
dentes
ilusões
perfeitas
inclusive esta

MARCELO TINHA OITO ANOS
e escrevia cartas de amor
que apareciam na minha mesa
na volta do recreio

nunca entendi por que
as cartas vinham sempre ensopadas
como se alguém tivesse chorado
sobre elas
uma noite inteira

mais tarde fui saber
as lágrimas
feitas de água, hormônios, proteínas e químicas
são atlas efêmeros
do lugar onde estamos

mas isso foi depois
naquela altura eu era só uma menina
e recebia cartas de amor
que já vinham choradas
o que na verdade
me poupava um trabalhão

MINHA MÃE
nunca pôde me ensinar
a ser feliz

mas me deu
a receita
do pavê de bolacha champagne

o que é
basicamente
a mesma coisa

EM TODOS OS MESES DE JANEIRO
a culpa era também do calor
o corpo ainda imaturo empapado no lençol
feito fruta cozida

eram as romãs
carnudas e suculentas
que faziam grande parte do trabalho
elas apareceriam na boca
e pronto
ficava tudo muito parecido
com o ano interior

"precisamos pedir para a vizinha"
minha mãe dizia
mas o pedido era sempre tardio
naqueles dias rituais de iniciação

caminhávamos pelo bairro
à procura de uma fruta
requisitada demais para estar em qualquer lugar
e então o costume:
repetir os nomes dos três reis magos
guardar na carteira, só tirar depois de um ano
fazer um pedido de olhos fechados
acreditar que deus pode ser embrulhado
em um pedaço de papel toalha

VÓ ANTONIA
tinha mãos cor-de-rosa
com cheiro molhado
o que pode parecer algo bonito de se dizer
– e é –
mas perguntássemos aos vasos
o que eles achavam de ser encharcados
tantas vezes ao dia
talvez não dissessem o mesmo
"deixa, vó. não precisa regar outra vez"
ela erguia os braços solene
"precisa, sim"

tardes inteiras em cerimônias de exagero
por excesso de zelo
ou falta da memória
que já falhava quando ela dizia
"faz tempo que você não vem"
duas ou três vezes depois de ontem
a gente achava que sabia

preparava bolos de gala sem motivo aparente
perdia os olhos nas colheres de açúcar
                                        sempre sem medida
enchia os copos até a boca, ainda mais se lhe dissessem
"só um pouquinho, vó"

na casa da vó

o tempo era distraído
por plantas inundadas
esquecimentos perdoados
por usucapião

SOMOS IRMÃOS
ainda
eu e aquele peixe
com quem dividi o quarto
segredos
a graça da parede
nas costas geladas
o ar quando dava medo
a novidade do mundo
que era muita

uma noite
apareceu boiando
"está dormindo"
a mãe disse
e jogou na privada
"foi viver no rio"

achei melhor responder
"que pena
nem se despediu"

NOS BONS DIAS
eu e minha parte baleia
viajamos abissais para as profundezas de lugar nenhum
no caminho ela fala e eu não entendo nada
pronunciamos línguas diferentes a baleia e eu
nos dias maus trocamos endereços
nunca visitados pela parte alheia
dentro e fora da água ficam vestígios de coisas ditas
a minha língua para ela é coisa desconhecida
mesmo assim não entendo
porque os postais não chegam
se ela mora exatamente dentro de mim

TIA MIRTES
tinha um pomar três cachorros um coelho uma varanda
com piscina que brilhava especialmente nos dias de sol
eu não tinha nada disso
aos domingos acordava com uma exclamação no meio do
[peito
a mãe dizia para ter cuidado e eu não sabia
cuidado com o quê?
quando chegava no portão da chácara era minha hora de ser
[feliz
mesmo que os primos não
viessem
era quando a piscina cintilava só para mim
a tia sabia
eu colecionava pedras
(ainda não as preciosas)
escondeu uma roxa daquelas reluzentes sem valor nenhum
"o pirata! o pirata veio!"
ela queria brincar de achar tesouros
claramente não sabia como
tinha mais a ver com a felicidade dela que com a minha
não havia pirata nenhum
embora tesouro não faltasse
minha tia nunca desconfiou
ficou sendo nosso segredo
aos sete anos já dava para desconfiar
joias quando raras
não ficam na superfície

QUANDO MINHA MÃE DISSE
que um dia seria possível tirar as rodinhas
e ainda assim continuar em frente
pé ante pé, lamber o vento
com minha pressa de menina
eu não acreditei
– não por achar que ela fosse capaz de mentir
mas porque não sabia ainda que existiam equilíbrios
daquele tamanho
medidos mais pelo desejo de se manter no caminho
que pela certeza de não cair –
quando experimentei pedalar sem elas
– nem as rodas
nem a minha mãe –
entendi o absurdo de perto:
sim, é possível
as pernas tremem
o vento é muito
não há garantia
de chegar em outro lugar

talvez o medo de consentir
com o inexplicável
seja um tipo menos conhecido
de coragem

A PRIMEIRA VEZ QUE VI MEU FUTURO
ele não tinha esse nome
ao contrário do que se espera
de uma coisa tão solene
ele usava vestidos floridos
e meias trocadas de cor

trazia manchas nas mãos moles
remexia fotos que enganavam o tempo
usava anéis colônias cheiro-verde
acreditava no chá como solução geral
para todos os problemas

minha vó não gostava que olhassem para ela
por muito tempo
não tinha segredo nenhum
além da receita do manjar de coco com ameixa
com mais açúcar que bom senso

no seu olho sempre um canto
de sabedoria faiscante
principalmente quando falava de biscoitos
ou deixava escapar um mistério
"quando eu nasci não era assim o futuro"

MINHAS PERNAS
sempre foram
muito esquisitas
eu não sabia ainda
que levaria algum tempo
até o corpo todo ficar assim
também
pudera
tantas perguntas maiores

as respostas correspondentes
todas empoeiradas
esperando o tempo
de serem usadas

QUANDO EU NASCI
veio um poeta
desses que celestam no chão
e escreveu:
a maior riqueza do homem é sua incompletude
nesse ponto sou abastado[3]
corpos inteiros
espiavam o meu
esburacado
gestavam profundidades sobre o nada
a tarde talvez fosse exclamativa
não houvesse a interrogação
meu olho furado de beleza
desde então as palavras me acham
e os poemas passam
cheios de dúvidas
– pequenas, grandes, enormes –
feitas de vazios maiores e infinitos.
para quê tanta dúvida, meu deus?
pergunta meu coração
porém,
minha mente não responde nada
a mulher por trás da interrogação
é séria, convicta, obstinada
tem poucas
raras perguntas
dissimulada, a mulher por trás da interrogação
certeza, por que me abandonaste?

3. Manoel de Barros

se sabias que eu ainda não sou árvore,
se sabias que o mundo me quer parede?
léxico léxico vasto léxico
se a mente completa fosse,
completamente
seria uma solução,
não uma palavra
eu não devia te dizer
mas o coração
se completo fosse
completacoração
seria uma súplica
não um neologismo

NUNCA TIVE UM AMIGO IMAGINÁRIO
mas aprendi
que poemas são lugares
para guardar coisas
que não aconteceram
é assim que eu escrevo
a história de como
até hoje
ainda não sei acreditar
em muita coisa que não existe

NO FINAL DA MINHA RUA
perto da chácara, mas não dentro
havia um poço
o poço não sabe que agora me lembro dele
enquanto isso vou reconstituindo suas características
estava desativado
tinha água no fundo
muito suja porque parada
ou muito parada porque suja
por esse fiapo molhado larvavam criaturas sem nome
naquela época
ele não me ensinou nada
(sem querer sem injusta com o poço)
além da gravidade das ruas sem saída
mas agora não: a memória reinventou o poço
ele foi redimido
seria naquele espelho feito de poeira e detritos
que eu veria pela primeira vez o reflexo da coisa mais real?
o mundo em murmúrio:
tudo o que pausa resolve morrer um pouco
sem que houvesse nisso qualquer exagero
afinal de contas
a vida nem sempre é avessa à inércia

QUANDO MEU AVÔ
parou de se lembrar o nome das coisas
eu não sabia ainda
que era assim que se morria

pelo menos foi isso
que achei
quando esbarrei
em uma foto
e lembrei do seu nome e de tudo
inclusive de mim

enquanto aprendia
que esquecer
é só mais um jeito
de ir embora
ficando

ADULTA NÃO PRATICANTE
desvio dos gestos esperados
fecho os olhos com força
se lembro dos monstros e fantasmas
ainda embaixo da cama

não os expulso por mim
mas por eles

seria inevitável o tédio
de não termos medo
um do outro
cada qual desconfiado
da porção de escuridão
insinuada
nos dias azuis

É TEMPO DE CAQUIS
não cancelaram este outono
mesmo que ainda seja primavera
agora não acredito
(ou acredito pouco)
no que dizem os calendários
os relógios
as placas de trânsito
os limites de município
os mapas
até as bússolas
parecem mentirosas

olho para o céu
que é onde se vai para ver as horas
está intacto
mais azul que
nunca:
essa palavra grave para se dizer agora
assim como ela, tudo parece meio perigoso
pedimos desculpa por tentar entender
sabemos que é impossível

não confie no homem
mas não desconfie completamente
você vai querer acreditar
em alguns dias, vai precisar
há provas de humanidade por todos os lados

repare bem: há alguém
que canta sem saber cantar
pensa em quem nunca viu antes

há flores que chegam pelo telefone
telefones sem fio nas janelas
segredos nos telhados
cansaço nos volantes
medo debaixo dos tapetes
mães exaustas nos corredores dos hospitais
— se não vão para casa ainda, não é pelos filhos
não os seus —
as paredes se comprimem e suam
também exaustas de tanto guardar um ar que é pouco

dentro da geladeira, há um abacaxi enorme
mas já cortado
e um bilhete
— é importante saber
ainda existem abacaxis
alguns deles já estão cortados
alguém escolheu assim —
há distâncias enormes
mas há poemas sobre elas
há apocalipses inevitáveis
sobre eles já existem revoluções

do lado de dentro do caqui

é permitido sair para ver o verão
sim, ainda é verão
em algum lugar
cancelaram alguns sóis, mas não este
e mesmo que seja apenas uma parede amarela
não importa o que digam
ele insiste

O QUE ACONTECERÁ
aos objetos que habitam
as nossas primeiras memórias?
o pente que expulsou os meus primeiros piolhos
de casa
a caixa de ferramentas
que viu tudo
quando eu aprendi o martelo
a cama solteira
quando dormi nela sozinha
os portões que eram plateia
de minhas entradas e saídas
os potes de vidro
onde eu plantava pedaços de algodão molhado

quando
(por quê?)
paramos de acreditar
na individualidade
dos feijões?

e na utilidade secreta
das coisas?

SERIA PRECISO
me lembrar da casa toda
ou só das cores dela
se eu quisesse escrever um poema
que contasse como era acordar depois de todo mundo
o feijão já borbulhando
perigo nenhum rondando aqueles anos
a não ser o de esquecer demasiado?

se eu quisesse contar
seria preciso
mais que isso
mas tudo bem porque não quero
estou deitada em um longo hoje
longe demais da casa
além do mais
algumas tentativas
esforços de saudade
são tão estéreis
quanto comer uma manga
em temperaturas
menores que zero

UM CORPO
no caminho de virar adulto
esbarra em montanhas
imprevisíveis
de onde nem sempre
se pode passar

SE QUISER
ver uma baleia
vai precisar saber
para onde não olhar[4]
aprender mais com isso
que em décadas de escola e universidade
nem uma nem outra
conseguem explicar
tão bem
a paciência contida
no desejo de saber
estar é metade
do caminho
ficar
e esperar
é todo o resto

---

4. Julie Fogliano

VOCÊ VAI TER QUE APRENDER SOZINHA
algumas palavras contém
o próprio sumo
a palavra suculenta
por exemplo
faz saliva entre as letras
mesmo as feitas de papel

caudalosa
basta dizer b-e-m d-e-v-a-g-a-r
notar as curvas que ela nos obriga a fazer
indecisa entre vales e montanhas
na dúvida
os dois

linguaruda é a maior
das palavras compridas
carrega em si a presença da língua
a mais inesgotável das coisas
de onde podem surgir todas as outras

a ponta do lápis
pontiaguda e frágil
por isso mesmo imponente:
como uma fruta dura só por fora

*

SER CRIANÇA
é poder viver
a i n d a
uma vida de detalhes

UM PEQUENO MARACUJÁ
talvez uma palavra que já venha com gosto
enrugado como os bons
ninguém o confunde com mangas

imaginado ou experimentado
nas mãos de uma criança
torna-se a primeira memória
do que é azedo

um repertório imperfeito
de sabores amarelos

pode contar uma vida quase inteira
não fossem as partes que jogamos fora
propositalmente descartadas
como se não fossem nada

cascas
sementes
quase sempre onde ficam
as melhores histórias

*

Considerações acerca do maracujá

Nome científico: paisagens natais escritas por alguém do mesmo tamanho e com tantas perguntas maiores.

Nome popular: alguém furioso com o tempo sempre insuficiente.

Família botânica: da baleia azul, do ouriço, dos caquis que cantam sem saber cantar, dos abacaxis e vaga-lumes cortados.

Características gerais: colorido, ao mesmo tempo folha em branco, costuma perder muito tempo brincando com pipas.

Variedades: borboleta sem pressa, poço sem ensinar, roda de gaiola, peixe dormindo, cartas de amor e tudo aquilo que se arranca do pé antes do tempo.

Condições climáticas: os irmãos mais velhos, assim como o brócolis, os catetos e as hipotenusas não são um problema de verdade para o maracujá, que é acostumado mais com açúcar que com bom senso.

Polinização: realizada por um tipo muito particular e raro de pedra roxa, a Vó Antonia.

Formas de cultivo: embrulhar deus em um pedaço de papel toalha, andar de bicicletas verdes com laços de fita pendurados no guidão entre o freio e o vento, recitar a receita do pavê de bolacha champagne.

Local de cultivo: frequentemente no lugar errado, no final da minha rua, na cama dos pais no meio de uma quinta-feira à tarde, no vão do sofá, nas fotografias analógicas, no calor de janeiro.

Modo de crescimento: aproximam-se de qualquer desconhecido, saltam sempre e caminham em direção ao limoeiro dentro do abacate.

Quantas vezes produz por ano: todas as vezes em que vê as coisas pela primeira vez apenas uma vez, e quando acredita na individualidade dos feijões.

Ciclo de vida do maracujá: nasce sem poder pintar as unhas de azul, cresce entre tudo aquilo que não é nada disso e morre guardando segredos nos telhados.

Cara pessoa leitora, essa foi a primeira vez que vi o maracujá como maracujá. Assim, para nada. Sem ser para acalmar, nem para mousse, nem suco crocante com capim cidreira. Nem a folha do chá, nem a planta da cerca. Vi maracujá casca, polpa e semente. E foi assim que encontrei a flor. Aqui, a flor é tudo o que excede. A flor é tudo o que cresce entre o poema-leitura e esse poema-escritura.

Ângela Castelo Branco, poeta

Espremer a linguagem-fruta

A holófrase é uma palavra que começa redonda e termina quadrada. Toda holófrase realiza um movimento de diluição e expansão de letras, fonemas e sílabas. Deslocamento de sons, imagens e sentidos. Um substantivo que denota uma ação, um verbo que exprime uma qualidade.

A holófrase é a língua antes e depois de qualquer vício. Ela desorienta a razão semântica, quebra as pernas semióticas. Inaugura línguas infantes, ancestralidades noviças e atuais. A holófrase expressa uma trama de tempos e espaços. Na poesia, toda palavra poderia ser uma holófrase, já que a cada leitura se desconhece e se reconhece o que outrora parecia sob controle.

Mas, para além das definições, como de fato dar a ver a complexidade das coisas? Sabemos que uma palavra nunca é apenas uma palavra, que em toda linguagem habita um cosmos, um conjunto de forças, e que, como em uma construção em abismo, somos sempre relançados a galáxias não imaginadas, talvez por vezes apenas pressentidas. E é pela poesia que se revela uma fração desse infinito.

Pois aqui, neste livro, a poeta nos leva a provar dimensões sinestésicas várias guardadas na linguagem-fruta; assim, todo um outro corpo é fecundado e somos apresentados a sumos de sabores amarelos, toques cítricos, perfumes aveludados, paisagens espessas, viscosas sonoridades: bocas, peles, narizes, olhos, orelhas de Maracujá. Holófrases em estado puro?

Ciro Lubliner, tradutor

© 2022 Renata Penzani
Todos os direitos desta edição reservados à Laranja Original

www.laranjaoriginal.com.br

Edição
Germana Zanettini
Projeto gráfico
Iris Gonçalves
Ilustrações
Iris Gonçalves
Produção executiva
Bruna Lima

Laranja Original Editora e Produtora Eireli
Rua Capote Valente, 1198
05409-003 São Paulo - SP
Tel: (11) 3062-3040
contato@laranjaoriginal.com.br

Dados Internacionais de Catalogação na Publicação (CIP)
(Câmara Brasileira do Livro, SP, Brasil)

Penzani, Renata
 Maracujá / Renata Penzani. -- 1. ed. --
São Paulo : Editora Laranja Original, 2022.

ISBN 978-65-86042-63-4

1. Poesia brasileira I. Título.

22-138430   CDD-B869.1

Índices para catálogo sistemático:
1. Poesia : Literatura brasileira B869.1
Inajara Pires de Souza - Bibliotecária - CRB PR-001652/0

Fonte: Adobe Garamond e Adelle
Papel: Pólen Bold 90 g/m^2
Impressão: Psi7 / Book7